SABIDURÍA TRASCENDENTAL

O.O.O.

SABIDURÍA

TRASCENDENTAL

De los consejos que el búho dio a la liebre

Prólogo e in memoriam por
Wei Wu Wei

Ilustraciones por
David Eccles

Ediciones **La Llave**

Primera edición: 2005
Segunda edición: junio de 2024

Título original: *Unworldly Wise: As the owl remarked to the rabbit*, publicado originalmente por Hong Kong University Press, Hong Kong, 1970.

Traducción: Fernando Mora Zahonero

© Terence J. Gray, 1965
© Hong Kong University Press
© Ediciones La Llave, 2024
Fundación Claudio Naranjo
Santjoanistes, 17, local 2
08006 Barcelona
Tel. +34 638 133 451
www.edicioneslallave.com
info@edicioneslallave.com
www.fundacionclaudionaranjo.com
info@fundacionclaudionaranjo.com

ISBN: 978-84-19350-32-9
DL nº: B 12463-2024
Impreso en Estilo Estugraf

DEDICATORIA

Relación no-objetiva

En *mi* ausencia, tú estás presente en tanto que yo.

NOTA:

Tú, lector,
al leer estas líneas,
también estás diciendo lo mismo.

VICEMINISTRO: ¿Cómo podría un ser humano profano como yo acometer el estudio necesario para alcanzar el Tao?

SHEN HUI: A partir del día de hoy, vuestra excelencia solo deberá aplicarse a la comprensión que trasciende cualquier tipo de práctica y, cuando se halle profundamente impregnado de la comprensión profunda, los principales obstáculos y pensamientos ilusorios desaparecerán gradualmente por sí mismos...

Debemos indicar que esta es la comprensión inmediata de lo esencial, sin necesidad de recurrir a numerosos textos.

SHEN HUI
Entretiens du Maître Dhyāna Chen-Houei du Ho-Tsö
(traducción de Jacques Gernet)

o.o.o. es un pseudónimo que representa la raíz cúbica de cero, un signo algebraico que no siempre es bien comprendido. «o» —el símbolo del cero— representa al Sujeto, cuyos posibles objetos son todos los números desde el uno hasta el infinito.

ÍNDICE

PREFACIO

¡Observa Quién está aquí!

DOUGLAS HARDING, *Vivir sin cabeza*

PRESENCIA AUSENTE

¡Estoy AQUÍ!

¡Soy AHORA!

¡YO-SOY-ESO!

WEI WU WEI

PRÓLOGO

La sabiduría mostrada por los animales protagonistas de esta fábula —algunos familiares y otros, no tanto— no resulta sorprendente en absoluto. Sin embargo, dado que las palabras que se ponen en su boca pertenecen, en realidad, a su portavoz —que firma con el pseudónimo de o.o.o.—, el mensaje que nos transmiten no resulta artificial ni extraño. Obviamente, todas las acciones llevadas a cabo por estas criaturas son interpretaciones y, en ese sentido, podemos decir que, si bien su existencia es real, no es literal, al igual que ocurre también con nuestras propias *vidas* relativas. Es cierto que ni la vida de estos animales ni la nuestra propia son completamente verdaderas —en consonancia con su cualidad de pura Virtualidad— pero, mientras nuestra vida no tiene intérprete alguno que la extrapole para que sea leída por otros, las vidas aquí expuestas sí que son objeto de dicha extrapolación.

Solo tengo una objeción que formular al respecto: ¡y es que el compasivo o.o.o. no *nos* dé a nosotros un tratamiento similar que nos muestre directamente lo que ocurre en el dominio no-objetivo! Creo que, ante dicha objeción, levantaría sus cejas y respondería, a su vez, con una pregunta: «¿Qué diferencia cabe esperar en ese caso? No hay ninguna diferencia, porque las "diferencias" —que son puramente relativas— no tienen existencia en lo que concierne al Absoluto, nunca la han tenido y nunca la tendrán. Y, por su parte, el "tiempo" y el "espacio" tampoco tienen existencia objetiva, puesto que, en la dimensión relativa, son la representación de lo que SOMOS absolutamente».

Me temo que o.o.o. también pudiera responder a mi pregunta o petición levantando de nuevo sus cejas —un hábito que le caracteriza— y advirtiendo que los seres humanos carecemos del encanto, la sinceridad y la simplicidad de nuestros hermanos animales, y que nuestras conversaciones pueden resultar demasiado ariscas y oscurecidas por las nubes del pensamiento conceptual. Pero puede que, después de todo, no tenga toda la razón. Tal vez no seamos capaces de *actuar* con tanta franqueza y sencillez como nuestros amigos animales, pero, aunque eso pueda ser cierto, siempre podemos sacar provecho de su sinceridad y de su sabiduría silenciosa.

Tan solo se nos pide que sepamos reconocernos a nosotros mismos en estos breves —y, en ocasiones, divertidos— fragmentos para poder extraer el máximo partido a su mensaje. En cuanto a mí, ya lo he intentado y, por eso, recomiendo, plena y encarecidamente, la experiencia. Es mi más sincera esperanza que todos los lectores que lean este libro lo disfruten tan completamente como yo.

WEI WU WEI

INTRODUCCIÓN

—Está oscureciendo —dijo el búho acomodándose en una rama situada encima del conejo—. ¿Será este un buen lugar para descansar hasta que llegue el alba?

—El alba ya ha llegado —replicó la liebre—. El sol se eleva en el cielo. Has tomado la decisión equivocada.

—Desde tu perspectiva tal vez, porque esa clase de cosas, de hecho, todas las «cosas» son relativas. Sea como fuere, yo soy el alba.

—Si lo crees así —dijo amablemente la liebre—. Sí, este lugar es excelente y tranquilo y la hierba deliciosa.

—En el dominio de la relatividad, la hierba no me interesa —señaló el búho—, sino que solo aspiro a la paz para poder SER. Por cierto, ¿hay algún fenómeno predador merodeando por aquí?

—Rara vez aparece alguno de esos bípedos extraños —respondió la liebre—, pero, de cualquier manera, ellos no comen búhos.

—Muy bien, entonces, me quedaré en este sitio —dijo el búho—. De todos modos, me agradan las liebres.

—Me siento adulada —añadió la liebre— y también te doy la bienvenida.

—Jugosa y tierna —añadió el búho—, y muy simpática a la hora de la cena.

—Efectivamente —asintió la liebre—, una opinión que, lamentablemente, también es compartida por otros. Por eso, yo vivo debajo de mi alimento, mientras que tú vives por encima del tuyo.

—¡Vaya, una liebre muy inteligente también! —comentó el búho cordialmente—. Me quedaré aquí. En cualquier caso, ya he cenado.

—Me alegro de escuchar eso —respondió la liebre cortésmente— y espero que hayas disfrutado de tu menú.

—Bien, era una rata más bien correosa —refunfuñó el búho—. Mañana será mucho mejor. Buenas noches, y no comas demasiado de esa hierba repugnante. La gente se pone enferma con ella.

—Buenos días —respondió la liebre—, que duermas bien. Te avisaré si merodea por aquí algún predador.

—Gracias, querida liebre —susurró brevemente el búho mientras cerraba sus grandes ojos y agachaba su cabeza—. Creo que seremos buenos amigos.

II

BRILLO

Sin dejar de mordisquear tallos de hierba, la liebre alzó la vista y se dirigió al búho del siguiente modo:

—A menudo me pregunto por qué abres los ojos cuando está oscuro y los cierras cuando sale el sol.

—Cuando brillo —respondió el búho—, no hay oscuridad, porque la oscuridad solo es la ausencia de luz. Y, entonces, siempre te veo comiendo cualquier cosa que se te ponga delante. Cuando dejo de brillar, no hay ninguna apariencia en absoluto.

—¿Entonces nuestros mundos son diferentes? —preguntó nuevamente la liebre.

—No existe mundo alguno —interrumpió el búho produciendo un chasquido con su pico— con independencia de lo que aparece cuando brillo.

—¿Y, entonces, qué aparece cuando el sol brilla? —inquirió la liebre.

—Yo soy el sol —afirmó el búho—. Lo que crees que ves solo es un reflejo de tu mente dividida.

—¿Es así realmente? —preguntó otra vez la liebre moviendo su hocico con un gesto de duda—. En ese caso, ¿por qué tú y el sol no brilláis en el mismo momento?

—Yo *soy* el «tiempo» —precisó el búho— y cualquier «momento» me pertenece. Además, en este «momento», comienzo a sentir apetito.

—Bueno, bueno... —dijo la liebre mientras se zambullía a toda velocidad en su madriguera.

III

AMOR

—¿Por qué comes tanta hierba? —preguntó el búho—. La hierba es emética.

—Para mí es digestiva —respondió la liebre— y, además, me gusta.

—¿Por qué no comes caracoles? —siguió preguntando el búho.

—Porque me dan asco —dijo la liebre.

—¡Imposible! —exclamó el búho—. ¿Quién hay que pueda *amar* a alguien y qué hay quién pueda ser *odiado* por alguien? ¡Ambas son las dos palabras más fatuas de nuestro lenguaje!

—Pues cualquiera de nosotros dos —apuntó la liebre—. Tú y yo, por ejemplo.

—¡Absurdo! —prosiguió el búho— ¿Cómo puede haber dos?

—¿Por qué no? —preguntó la liebre.

—Porque yo soy, mientras que tú no eres —dijo de manera concluyente el búho.

—Pero en el espacio-tiempo... —apuntó la liebre.

—Querrás decir en el no-tiempo —espetó el búho produciendo un gran ruido con su pico y lanzándose en picado hacia el suelo.

—¡Tal vez, pero no en este momento! —gritó la liebre mientras se zambullía en su madriguera.

IV

DENTRO

—Soy lo-que-soy —dijo el búho—, absolutamente yo, vacío de toda cualidad objetiva.

—¿De verdad? —olisqueó la liebre arrugando su hocico.

—*Objetivamente*, yo soy todo lo que soy absolutamente con independencia de lo que aparezca en el espejo de mi mente.

—Pues no lo pareces para nada —replicó la liebre.

—Porque simplemente te limitas a mirar lo que *ves* —replicó el búho— y, como es habitual, miras desde la perspectiva incorrecta.

—Solo puedo ver lo que hay ante mí y, si me doy la vuelta, también lo que está detrás.

—De acuerdo, de acuerdo —respondió el búho—, ¡pero lo que ves no está ahí!

—¿Y dónde está? —preguntó la liebre.

—Dentro, dentro —le aseguró—. *Todo está dentro.* ¡Ya lo comprenderás! —dijo el búho mientras chasqueaba su pico y alzaba las alas majestuosamente preparándolas para descender velozmente.

V

PECES

—Yo soy la Mente donde aparece el mundo —señaló el búho a la liebre.

—¿De veras? —preguntó la liebre mientras masticaba un jugoso diente de león retorciéndolo en un lado de la boca—. Nunca se me hubiese ocurrido pensarlo.

—Así es —afirmó el búho— y los pensamientos no son peces que puedan ser capturados por los animales o por los humanos.

—¿Cómo es eso? —preguntó la liebre.

—Porque los pensamientos no son objetos —afirmó el búho chasqueando su pico.

—¿Entonces qué son? ¿Sujetos?

—Esa clase de sujeto sería un objeto.

—¿Por qué razón?

—Porque tú lo conviertes en eso.

—¿Entonces, pueden los pensamientos atraparse a sí mismos?

—¿Pueden pescar? —preguntó a su vez el búho.

—¿Entonces, quién puede atraparlos? —siguió preguntando la liebre.

—El que pregunta es la respuesta.

—¡Como de costumbre!

—Como siempre.

—¿Y *quién* es ese?

—La Mente donde aparece el universo —dijo el búho solemnemente.

—¿Y *qué* es eso? —inquirió la liebre.

—¡Yo soy —precisó el búho—, aunque seas tú el que lo diga!

VI
AQUÍ

—Mi ausencia es lo que yo soy —afirmó el búho—. También se denomina «Vacuidad».

—¿Sí? —dijo la liebre mientras jugueteaba con un sabroso cardo.

—Cuando estoy ausente, el universo está presente —prosiguió el búho— y, entonces, hasta tú eres bienvenido.

—¡Qué encantador! —respondió la liebre dando amables saltitos— ¿Pero dónde soy bienvenido?

—Aquí —declaró el búho de manera concluyente—, absolutamente AQUÍ.

—Pero, ¿dónde es exactamente eso?

—Aquí donde yo soy, que es donde fui y siempre he sido —afirmó el búho.

—¿Entonces dónde estoy yo? —preguntó algo nerviosa la liebre.

—¡Aquí, AQUÍ, por supuesto! ¿En qué otro sitio podrías estar?

—¿Pero hay espacio para los dos donde tú estás? —preguntó la liebre inocentemente.

—Tú también estás presente en mi ausencia —apostilló el búho pacientemente.

—No entiendo cómo es posible —insistió la liebre.

—¡Lo comprenderás, lo comprenderás! —le aseguró el búho mientras se preparaba para ausentarse—. Y yo lo veré también.

VII

EL MODO EN QUE ES...

—¿Cómo puedo *amarte* —preguntó el búho al conejo— si soy lo mismo que ERES?

—¿Es así realmente? —preguntó a su vez la liebre masticando delicadamente un diente de león.

—¿Y cómo podrías *odiarme* —siguió preguntando el búho— si tú eres lo que YO SOY?

—Nunca me había dado cuenta de eso —observó la liebre pensativamente.

—¿Cómo podría ser de otra manera? —preguntó otra vez el búho—. Independientemente de lo que seamos, YO SOY.

—¿Desde cuándo? —inquirió la liebre—. ¿Es reciente?

—Desde siempre —respondió el búho—, no existe el «tiempo».

—¿Entonces dónde ocurre eso?

—En todas partes, porque tampoco hay «espacio».

—¿Pero somos realmente uno? —preguntó de manera entusiasta la liebre.

—Con toda seguridad, no —dijo el búho—. No hay ningún «uno».

¿Entonces qué es lo que hay? —inquirió la liebre de forma recelosa.

—¡Ninguna cosa! —replicó el búho con gesto circunspecto.

—¿Y en ese caso? —preguntó desconcertada la liebre.

—¡En ese caso, la vida! —respondió el búho agitando sus grandes alas y chasqueando su pico—. Los maestros lo dijeron muy a menudo: «Como cuando tengo hambre y, cuando estoy cansado, duermo».

VIII

EN NUESTRO HOGAR

—¡Ese hábito tan extendido consistente en «vivir y morir» es un enorme fastidio! —suspiró el búho mientras extendía sus alas cansadamente.

—Pues a mí me gusta —apostilló la liebre.

—Quieres decir, supongo, que crees que te gusta.

—¿Cómo podría ser de otra manera?

—El pensamiento —dijo el búho— solo es una noción de la mente dividida que carece de toda realidad.

—Pero *soy* feliz —insistió la liebre.

—¡Tonterías sin sentido! —interrumpió el búho— No hay ningún «tú» que pueda ser algo, ni ninguna «cosa» en la que puedas convertirte.

—¡Qué pena! —dijo suspirando la liebre—. Siempre pensé que la había.

—¡Pensamientos! ¡Pensamientos! —deploró el búho girando completamente su cabeza—. Un hábito estéril que ha sido universalmente condenado por los sabios.

—¿Quiénes son esos sabios a los que no les agrada ser perturbados por el pensamiento, y cómo es posible alcanzar la sabiduría?

—Quienes son capaces de «apercibir» —dijo el búho sucintamente— disponen de otra dimensión adicional.

—¿Y cuál es esa dimensión?

—Pues una nueva dirección de «visión» y de evaluación —explicó el búho.

—¿Y cómo acceden a ella? —preguntó la liebre.

—Cuando se trasciende la conceptualización —respondió el búho—, la mente dividida se reintegra a su totalidad.

—¿Y cuál es la consecuencia de eso? —dijo la liebre.

—Pues que son capaces de ver directamente —respondió el búho volviendo su cabeza y fijando sus brillantes ojos en la liebre— y también, por supuesto, que «ellos» están *ausentes*.

—¿Cómo? —inquirió la liebre con preocupación— ¿Supongo que quieres decir que están presentes?

—¿Presentes? —preguntó el búho—. ¡Completamente, por descontado!

—¿Completamente? —preguntó la liebre dando un salto de sorpresa— ¿Qué quieres decir?

—¡En mi ausencia conceptual —ululó el búho—, puedo acoger a todos y a todo, AQUÍ, donde YO SOY y donde también ellos están absolutamente en su hogar!

IX

AAA-QUIIIEEEN

—A veces me pregunto —dijo la liebre— por qué prefieres la luna al sol.

—Es, simplemente, un hábito ocupacional —respondió el búho—. Cuando brillo directamente durante el día, son otros los que se ocupan de lo que debe hacerse. Pero, cuando brillo indirectamente a la luz de la luna, soy yo mismo el que tiene que ocuparse de cada cosa.

—¿Cosas como tú mismo? —señaló la liebre dando un travieso salto en el aire.

—Todas las «cosas» son manifestaciones de lo-que-soy —dijo el búho muy serio—, extendidas en el espacio-tiempo conceptual y en el seno de la mente total.

—De hecho —comentó la liebre al tiempo que mascaba una jugosa hoja de trébol—, debe de resultarles muy agradable.

—Me alegra que creas eso —añadió el búho—, pero, en el dominio de la relatividad y de la mente dividida, siempre hay un sufrimiento aparente. En cambio, cuando «positivo» y «negativo» se equiparan, acaban anulándose mutuamente y, entonces, se alcanza la ecuanimidad o la reintegración.

—¿De modo —preguntó la liebre— que esa es la razón por la que experimentamos sufrimiento y por la que existe la infelicidad?

—Ni la felicidad ni la infelicidad existen por sí solas —replicó el búho—. No hay contraparte interdependiente alguna, sino tan solo juicios conceptuales que se anulan recíprocamente en su mutua negación.

—¿Pero, entonces, qué *son*? —preguntó la liebre.

—¿Qué eres *tú*? —respondió el búho— ¿Qué son todas tus percepciones, conceptos, discriminación y conciencia?

—Supongo que, sea lo que fuere —se aventuró a decir la liebre—, yo mismo, por ejemplo.

—Como tal —ululó el búho—, solo eres una percepción, un objeto mental.

—¿Entonces, quién es el perceptor de todas esas percepciones? —siguió preguntando la liebre.

—Yo —respondió el búho—, yo, siempre yo.

—¿Y a qué o a quién se aplica el término «yo»? —preguntó la liebre, moviendo su hocico nerviosamente y manifestando un cierto escepticismo.

—¿A qué o a quién? —preguntó el búho—. ¿Te lo digo?

—¡Sí, por favor, hazlo! —suplicó la liebre.

—Muy bien, presta atención y escucha —dijo el búho levantando sus alas y estirando su cuello mientras el eco del bosque repetía y repetía su clamorosa respuesta:

—¡¡Aaa-queee, aaa-queee, aaa-quieeen!!

X
YO, QUE NO SOY UNA COSA...

—Si me lo dijeras de una manera más sencilla —observó la liebre—, tal vez podría comprenderlo.

—¿Más sencilla? —preguntó el búho.

—Podrías utilizar simplemente una docena de palabras.

—Con menos bastaría —aseguró el búho.

—Bien, entonces, dilo con menos, si con eso hay suficiente.

—Aunque menos palabras ya son demasiadas, parece que las necesitas.

—Como prefieras —suspiró la liebre—. ¿Y qué palabras son esas?

—*Yo, que no soy una cosa, lo soy todo* —afirmó el búho.

—¿Cómo puedes ser ambas cosas al mismo tiempo si no eres ninguna de ellas?

—Precisamente, puedo ser ambas porque no soy ninguna.

—¿Y también yo soy eso?

—No serás nada mientras sigas creyendo que eres alguna cosa.

—¿Y entonces? —preguntó la liebre.

—Entonces es cuando tiene lugar el sufrimiento —replicó el búho decidiendo ir a cenar.

XI

LA RAZÓN POR LA QUE...

—Pareces cansado y hambriento —dijo amablemente la liebre.

—Lo estoy —asintió el búho.

—¿Entonces por qué no comes y duermes?

—No tengo nada que comer y no tengo sueño.

—Permíteme —sugirió la liebre—, yo estoy accesible y a tu entera disposición.

—¡Tú! ¿Te has hecho budista o algo así?

—Sí —respondió tímidamente la liebre—. ¡Es tan divertido!

—¿Por eso te ofreces a mí?

—De muy buena gana —dijo la liebre con expresión extática y moviendo su hocico nerviosamente—. El sacrificio de uno mismo es la mayor felicidad posible.

—¡Lo lamento, pero no comparto esa opinión!

—¿Por qué no? —preguntó ofendida la liebre.

—Los budistas no me abren el apetito ni tienen buen sabor —espetó el búho—. ¡Preferiría una rata!

XII

HACER

—¿Tú desprecias a los budistas? —inquirió entristecida la liebre.

—No especialmente —respondió el búho con despreocupación.

—¡Pero ayer me dijiste que preferías una rata!

—En efecto, había alguien que estaba dispuesto a sacrificar su precioso «yo», si no recuerdo mal.

—Sí, este —dijo la liebre estirando su hocico con modestia—. ¿Puedo preguntar por qué razón?

—Porque no hay nadie capaz de hacer tal cosa —explicó el búho—. La ausencia carece sabor. Puede ser digestiva, pero no nutritiva.

—No te comprendo —suspiró la liebre.

—Una presencia relativa no tiene nada que ofrecer —siguió explicando pacientemente el búho—, puesto que solo su ausencia puede hacerlo.

—¿Por qué? —preguntó desconcertada la liebre.

—La presencia solo toma sin dar nada a cambio —declaró el búho—. Esa es la naturaleza de la volición egoísta extendida en el espacio-tiempo.

—¿Pero cómo lo *hace*? —preguntó la liebre.

—Engañándose a sí misma —respondió el búho—, porque solo la Ausencia puede HACER.

—Me da que pensar —dijo la liebre tímidamente.

—Una pérdida de tiempo —declaró el búho—. No pierdas el tiempo. No quieras nada, simplemente ACTÚA.

—¿Pero cómo? —preguntó la liebre.

—¡Déjate HACER! —concluyó el búho—. ¡De cualquier modo, siempre ocurre así!

XIII

ABSOLUTAMENTE

—Yo siempre estoy presente —afirmó el búho.

—¿Cómo es posible? —preguntó la liebre.

—La razón es que siempre estoy ausente —precisó el búho.

—Me parece recordar que dijiste que solo estabas presente cuando estabas ausente —comentó la liebre algo socarronamente.

—También es cierto —respondió el búho con amabilidad—. Mi ausencia relativa es mi presencia absoluta y mi presencia relativa es mi ausencia absoluta.

—Me resulta algo confuso —dijo la liebre—. No experimento ninguna de semejantes transformaciones.

—Nada se transforma —respondió muy serio el búho—. En términos absolutos, yo estoy siempre presente mientras que, en la dimensión relativa, mi presencia aparente equivale a mi ausencia aparente en tanto que «yo».

—¿No puedes decidir lo que prefieres ser? —preguntó la liebre mientras excavaba en su madriguera.

—Las preferencias son relativas e ilusorias —dijo el búho—. En un sentido absoluto, no hay nada que esté presente ni ausente.

—En ese caso, ¿qué eres? —preguntó la liebre disponiéndose a introducirse en su madriguera.

—La presencia en sí —ululó el búho levantando sus grandes alas—, la ausencia en sí. Eternamente, ni presente ni ausente.

—¿Por qué razón? —preguntó la liebre girando su cabeza.

—Porque no hay, en términos absolutos, ningún «lugar» ni «cosa» alguna que podamos ser, ni ninguna «cosa» que se halle en algún «lugar» —gritó el búho extendiendo sus alas extáticamente.

—¿Y qué ocurre entonces *contigo*? —inquirió la liebre sacando su cabeza de la madriguera.

—De eternidad en eternidad, YO solamente SOY en tanto que YO: ¡eeel-queee, eeel-queee, eeel-quieeen! —gritaba el búho mientras ascendía mayestáticamente describiendo grandes círculos en el empíreo.

—Se ha ido —dijo súbitamente una ardilla desde detrás de un árbol.

—Relativamente —respondió la liebre mientras asomaba la cabeza fuera de su madriguera—, pero, absolutamente, SIGUE AQUÍ.

—¡Estás completamente chiflado! —concluyó la ardilla subiendo por el tronco y saltando de rama en rama hacia los árboles lejanos.

XIV
APRÈS VOUS...

—Independientemente de lo visto —dijo el búho—, soy yo quien está viendo. Independientemente de lo percibido —prosiguió—, soy yo quien está percibiendo. Con independencia de lo concebido —concluyó—, soy yo quien está comprendiendo.

—¡Qué divertido debe resultarte! —comentó cortésmente la liebre.

—¡Para «ti» puede ser una diversión —respondió bruscamente el búho— o, llegado el caso, convertirse en un terrible infierno!

—¿Por qué dices que «para mí»? —preguntó la liebre un tanto desconcertada.

—Porque siempre es el «tú» el que experimenta y «sufre», pues esa es, según el Buda, la naturaleza de todas las experiencias.

—¿Por qué debo yo experimentar y «sufrir» lo que *tú* ves o concibes? —inquirió la liebre.

—Porque solo el «tú» puede experimentar placer o dolor —dijo el búho pacientemente—. ¿Cómo podría yo experimentar algo en absoluto?

—¿Por qué no? —preguntó la liebre levantando sus grandes orejas.

—Porque, por supuesto, YO SOY solamente —ululó el búho—. ¡Todo lo que es distinto a mí, no es absolutamente nada!

—¡Qué lástima! —murmuró la liebre dejando caer una oreja—. ¡Me parecía que era una buena liebre!

—¡Me parecía, me parecía! —ululó el búho—. Por supuesto que te «parecía», , pero incluso a estos monstruos bípedos y erectos les puedes parecer «una buena liebre» a la que cocinar y guisar.

—¿Es que solo soy buena para eso? —preguntó abatida la liebre.

—¡Totalmente, ab-so-lu-ta-men-te! —concluyó deletreando el búho—. Y, si fuese la hora de comer, te haría una demostración práctica.

—¡No hay ninguna necesidad, de verdad! —se apresuró a responder la liebre—. ¡Siempre creo completamente en lo que dices!

—En ese caso, bajaré la próxima vez que tengas hambre, si me haces el honor de comer conmigo —dijo educadamente el búho.

—¡Eres muy amable! —añadió la liebre profundamente conmovida—. Pero ya sabes que soy estrictamente vegetariana.

—Como gustes —respondió el búho con indiferencia—, como prefieras. En tanto que fenómeno, siempre estoy a tu disposición. En el dominio de la relatividad, esa clase de gestos siempre son recíprocos.

XV

LAISSÉ POUR COMPTE

—Cuando el objeto último es negado por el sujeto último, yo permanezco en tanto que yo —declaró el búho.

—¿No te sientes muy solo? —preguntó la liebre—, si es que tal cosa es posible.

—¿Quién puede ser capaz de sentir algo? —respondió el búho—. No existe ningún «tú».

—¿Entonces, quién permanece ahí? —preguntó la liebre al tiempo que levantaba una oreja.

—Yo, por supuesto. ¿Cómo podría no permanecer? No hay «yo» que pueda no permanecer.

—¿Pero, quién es el que permanece? —preguntó de nuevo la liebre levantando la otra oreja.

—Yo soy el que permanece —volvió a decir pacientemente el búho—. No hay ningún otro «quien».

—¡Demasiado complicado para una pobre vegetariana! —dijo la liebre con humildad.

—Ese «quien», vegetariano o no —explicó el búho—, es algo que, si bien se extiende en el «espacio» y la «duración», no existe en realidad.

—Me parece lamentable —suspiró la liebre dejando caer con abatimiento ambas orejas—. ¿Qué sería nuestra vida sin sujeto ni objeto?

—¿Y cómo es nuestra vida *con* ellos? —preguntó a su vez el búho.

—Muy parecida a un juego, lo admito —dijo la liebre agitando ambas orejas de manera algo irreverente—, pero no me siento tan sola.

—Imposible —explicó el búho—, la categoría «liebre» es un mero concepto espacio-temporal y, por su parte, la idea de «soledad» solo existe con relación a la de «multiplicidad». En tanto que yo, es imposible que puedas llegar a conocerlas.

—Pero en tanto que «tú», ya no sería un «mí» —objetó la liebre.

—Ni «yo» tampoco, por emplear con más precisión el lenguaje —corrigió el búho—. De todos modos, el «mí» también es absurdo, puesto que solo hay yo.

—¿Y, como insistes a menudo, el yo *no es*?

—Exactamente —asintió el búho—, el «yo» no puede ser, sino tan solo como yo soy.

—¿O sea que eres? —objetó la liebre.

—¡No, no! —precisó el búho con paciencia infinita—. Soy, pero no existe ninguna «cosa» ni ningún objeto como un «tú» o un «mí».

—¿De modo, pues, que tú *eres*?

—Relativamente, sí. ¡Los absurdos del lenguaje crean cierta confusión! —explicó búho—. Yo soy, pero también tú eres en tanto que yo.

—¿Quieres decir que yo soy solo en tanto que «tú»?

—¡Ciertamente *no*! —dijo el búho suspirando cansadamente—. ¡Yo solo soy yo y no existe «mí» alguno, sin importar quien lo diga o crea que lo dice, o quien interprete, actúe o viva sobre la base de eso!

—Creo que casi lo entiendo —dijo la liebre agitando agradecidamente sus orejas.

—No lo comprenderás —ululó el búho— mientras «creas que lo entiendes». «Pensamiento» y «comprensión» son interpretaciones relativas llevadas a cabo, en un contexto temporal, por la mente dividida. Solo la percepción directa de la mente total es capaz de revelarnos nuestro verdadero potencial.

—¿Y cómo puede alcanzarse? —preguntó la liebre algo cansada.

—¡Sal de tu madriguera y deja atrás a tu yo! —dijo el búho lanzando una mirada penetrante con sus ojos luminosos.

XVI
MOJADO O SECO

—¿Aún estoy lloviendo? —preguntó el búho abriendo un ojo lastimeramente y echando un vistazo al cielo.

—Sí, lo haces —replicó la liebre sacando su cabeza de la madriguera— y me gustaría que parases. Tengo hambre y me sienta mal la hierba húmeda. Por favor, resplandece para que todo pueda secarse.

—Brillo eternamente —afirmó el búho—. Eres tú quien percibe alguna diferencia.

—Pero también tú te mojas cuando «llueves» —objetó la liebre.

—Completamente —reconoció el búho—. Es tal como dices.

—¿Cómo lo permites? —preguntó desconcertada la liebre.

—Has dicho que «tú también te mojas», lo cual significa que, en tanto que «tú», como «un tú» si lo prefieres, el «tú» se moja. Cualquier «tú» se moja cuando yo lluevo.

—¿Entonces, cuándo tú brillas todos somos el resplandor del yo?

—Como de costumbre —interrumpió el búho—, estás diciendo tonterías. No hay «mí», sino yo.

—¿Entonces, no hay otro «tú» más que tú? —inquirió la liebre.

—No hay ningún «tú» en absoluto —dijo el búho solemnemente—. Cualquier «tú» no es sino una imagen conceptual en la mente.

—En ese caso, ¿qué somos cuando nos dirigimos los unos a los otros?

—Yo, siempre yo —respondió el búho descuidadamente.

—Pero, entonces, ¿a quién estamos dirigiéndonos? —preguntó la liebre.

—Acabo de decir que el «tú» solo es una imagen mental. Únicamente existe el «yo», y el yo no es «cosa» alguna.

—¿Pero, entonces, que hay de mí? —preguntó la liebre agitando sus largas orejas.

—*Yo* soy *yo* —respondió el búho haciendo chasquidos con su pico— y *tú* eres *yo*, con independencia de quién lo diga. No hay, en absoluto, ningún «mí». Quienes utilizan correctamente el lenguaje, por ejemplo, jamás de los jamases dicen: ¡*yo* soy *tú*!

—Me da que pensar —reflexionó la liebre—. Meditaré sobre ello.

—¡No hagas nada por el estilo! —ululó el búho fijando su mirada penetrante en la liebre—. «Meditar» implica utilizar la mente dividida. ¡Sencillamente observa desde dentro y VE lo que eso ES! ¡Abandona cualquier tipo de división y sé el TODO!

XVII

LA VERDAD ESENCIAL

—Cuando yo percibo, «tú» percibes —indicó el búho al conejo—, porque solamente YO SOY.

—¿Pero acaso no puedo decir yo lo mismo? —inquirió la liebre.

—Si eres, puedes —contestó el búho enigmáticamente.

—¿Es ése el hecho esencial? —preguntó la liebre de forma dubitativa.

—No existe esa clase de hechos —le interrumpió el búho.

—¿Entonces, podemos decir que es la verdad? —volvió a preguntar la liebre.

—Tú eres lo que yo soy y yo soy lo que tú eres —declaró el búho irónicamente.

—¡Me resulta encantador! —añadió cortésmente la liebre—. ¿Y a ti?

—Inevitablemente —dijo el búho.

—¿Podemos decir todos lo mismo? —preguntó la liebre.

—«Decir» solo es una elaboración conceptual —explicó el búho—, pero podemos llegar a conocerlo completamente.

—¿Incluso los dientes de león? —preguntó la liebre mordisqueando uno ingenuamente.

—¿Por qué no? —dijo el búho—. ¡Los dientes de león son seres sintientes en la misma medida que tú! ¡Y menos codiciosos! —añadió.

—¿No somos todos un poco codiciosos? —preguntó la liebre dando un salto nerviosamente.

—Las diferencias, como las preferencias, son absurdos conceptuales —declaró el búho.

—¿De modo que ni siquiera tú eres mejor o peor que un diente de león? —preguntó la liebre con despreocupación.

—En tanto que «mí», nadie ni ninguna cosa es mejor o peor que cualquier otro fenómeno mental. La categoría de «mejor-o-peor» solo es un concepto absurdo.

—¡Qué modesto eres! —añadió con admiración la liebre.

—¡Conceptos sin sentido! —concluyó el búho. ¡Si deseas charlar, di al menos algo que tenga sentido!

—¡Pero yo me alimento de dientes de león —objetó la liebre—, y los dientes de león no me comen!

—Pero los humanos te comen —precisó el búho—. ¿Acaso comes tú humanos?

—¡Qué idea tan excéntrica! —dijo la liebre dejando caer el diente de león y eructando como si estuviese a punto de enfermar.

—Los búhos también comemos liebres —advirtió el búho—. ¿Acaso eso te hace sentir enfermo también?

—¡N-n-no! —se apresuró a responder la liebre—. Pero ya sabes que, para mí, sería un honor.

—No es necesario en absoluto —respondió el búho—. Para mí, comer solo es una necesidad y, en ocasiones, un placer.

—Siempre deseoso de complacerte, por supuesto —murmuró la liebre con un ligero asomo de duda.

—Perfecto, tal como se espera de ti —respondió el búho educadamente—. Lamentablemente, apenas alguien come búhos.

—¿Ni siquiera ratas? —preguntó la liebre.

—No dispongo de muchas ocasiones —dijo el búho—, y tampoco suelo ser demasiado exigente con las manifestaciones que, por lo general, son cosas poco favorecidas por la naturaleza y casi siempre desagradables. Pero, si alguien me lo pidiese de manera más amable, tal vez podría mostrarme más complaciente a ese respecto.

XVIII

AMISTAD

—Bien, ¿qué ocurre? —preguntó el búho.

—Quiero preguntarte algo —dijo la liebre pensativamente.

—Lo sé —dijo el búho.

—Ya me parecía que lo sabías —respondió la liebre rascándose la oreja con su pata izquierda—. ¿Por qué somos amigos?

—Porque, relativamente hablando, somos aspectos el uno del otro —explicó el búho.

—¿De modo que se trata de eso? —reflexionó la liebre—. ¡Tan diferentes y, sin embargo, aspectos recíprocos de la misma cosa!

—¡Tonterías! —gritó el búho girando su cabeza y clavando sus grandes ojos en la liebre—. Somos aspectos recíprocos de ninguna cosa.

—¿En realidad, hay alguna diferencia? —preguntó la liebre—, quiero decir entre «alguna cosa» y «ninguna cosa».

— Si comprendes, por supuesto que no —respondió el búho.

—¿Porque yo soy lo que tú eres y también porque tú eres lo que yo soy? —preguntó la liebre.

—Absolutamente —afirmó el búho—, pero, si sabes eso, ¿por qué hablas de ello?

—Tal vez sepa algo —dijo la liebre humildemente—, pero no estoy seguro de que realmente sea así.

—Tienes que saber necesariamente —le corrigió el búho—, pero estás tan condicionado que te cuesta creer que sabes. ¿Pero por qué me habías hecho esa pregunta?

—Había elegido un cardo especialmente delicioso y me descubrí a mí mismo diciéndole: «Pero tú eres lo que yo soy».

—¿Y no lo era?

—¡Sí, pero me quitó el apetito!

—¡¡Condicionamientos, condicionamientos!! —ululó el búho—. Él es lo que tú eres en tanto que «yo», pero no como ningún «mí».

—¿Y cuál es la diferencia? —preguntó la liebre con perplejidad.

—Todas y ninguna —explicó el búho—. Las «diferencias» surgen en el dominio de la relatividad, pero, en términos absolutos, ni siquiera existen las apariencias.

—¿Pero relativamente hablando...?

—Relativamente, por ejemplo, los tallos frescos son un aspecto de «ti» en tanto que «mí», pero también son lo que tú eres en tanto que yo. Sin embargo, en términos absolutos, no existe diferencia alguna.

—¿Entonces debería haberme comido ese cardo suculento?

—¡Sentimientos, sentimientos! —protestó el búho—. Si vives relativamente y también sentimentalmente, entonces, no deberías comer nada, porque todo aquello de lo que te beneficias perjudica a algún aspecto de lo que eres.

—¿Y si vivo absolutamente? —preguntó la liebre.

—¡Entonces, cómete a todos tus amigos y todas tus relaciones, pero empieza comiéndote a ti mismo! ¿Puede haber alguna diferencia en el dominio absoluto?

—Pero, en ese caso, la vida sería un caos —protestó la liebre.

—Bien, ¿y qué es de todos modos? —preguntó el búho ululando y respondiendo a su propio eco.

—Pero podría ser mucho mejor... —dijo la liebre sin demasiado convencimiento.

—Sí, por supuesto, podría —respondió el búho—. Lo fue a menudo, a veces todavía lo es un poco y puede serlo otra vez en cualquier momento. Pero eso solo puede llegar como consecuencia de la percepción directa y no de ningún método relativo de realización.

—No parece sencillo vivir de ese modo —añadió la liebre.

—No trates de vivir como nada —insistió el búho—, sino déjate vivir. ¡Lo estás haciendo de todos modos!

—¡Incluso así me parece difícil! —dijo la liebre.

—¿Difícil? ¡Tonterías! —señaló el búho—. Cuando *apercibes* que todas las cosas son aspectos de lo que eres en tanto que yo, todas ellas son también «lo-que-tú-eres». Por el contrario, cuando *percibes* que algunas cosas son aspectos de lo que tú eres como «mi», tan solo las consideras, relativa o emocionalmente, como aspectos de «ti mismo». Sin embargo, si los otros también hiciesen lo mismo contigo, los conflictos se verían reemplazados por la ecuanimidad.

—¿Pero acaso ellos no pueden contradecir mis propias necesidades personales?

—*No*, porque si ellos comprenden realmente —dijo el búho—, siempre estarán a tu disposición como yo lo estoy.

—¿Lo cual quiere decir que «somos amigos»?

—Exactamente —concluyó el búho—. Esa es la respuesta a tu pregunta de por qué somos amigos.

—¿Pero habrá alguien distinto a «mí» que perciba que es un aspecto de lo que yo soy como «mi»? —preguntó la liebre.

—Ya te lo dije ayer. Cuando yo apercibo, «tú» percibes, porque solamente yo soy —replicó el búho.

—¿Entonces es el yo quien apercibe? —preguntó la liebre.

—Solo yo puedo apercibir —dijo el búho con severidad.

—¿De manera que yo soy yo? —afirmó la liebre levantando ambas orejas.

—Por supuesto, por supuesto —respondió el búho—. ¿Qué más podrías ser «tú» sino yo?

XIX
SOLEDAD

—¿Sí? —preguntó el búho.

—Gracias —dijo la liebre impacientemente—, quería hacerte otra pregunta, pero tenía miedo de interrumpir tus pensamientos.

—¿Interrumpir mis... *qué?* —gritó el búho levantando sus alas con aire de indignación.

—Tus, bueno, tus... quería decir tus pensamientos, me temo —respondió la liebre disculpándose.

—¡Solo los seres humanos sin alas malgastan su tiempo con tonterías objetivas como esa! —dijo el búho enfadado y chasqueando su pico—. La división mental los acompaña desde la infancia hasta la tumba.

—Me parece haberte escuchado decir que el «espacio» y el «tiempo» son «absurdos objetivos» —dijo la liebre—, y quería saber la razón.

—Aunque, objetivamente, son absurdos químicamente puros —respondió el búho—, subjetivamente, son lo mismo que tú eres como apariencia objetiva.

—¿Por qué? —preguntó la liebre levantando una oreja.

—Si no estuviesen extendidas dimensionalmente en el «espacio» y no tuvieran una duración en el «tiempo», las apariencias no podrían manifestarse —respondió el búho—. ¿No es obvio?

—¿Y, entonces, tampoco tú podrías verme? —reflexionó la liebre.

—No, ni tú podrías estar aquí, ni mirar ni ser visto —indicó el búho.

—¿De manera que cualquier apariencia fenoménica es un «mero absurdo»? —exclamó la liebre.

—Se diría que estás empezando a comprender algo —dijo el búho no sin cierta sorpresa.

—¡Si comprendiese, todo estaría meridianamente claro y no tendría nada más que preguntar! —añadió la liebre pensativamente.

—Es tal como dices —le interrumpió el búho—. ¿Puede algo ser más obvio?

—¿Entonces, por qué no se lo enseñas a todo el mundo? —preguntó la liebre.

—No doy enseñanzas —ululó el búho—, sino que tan solo respondo a las preguntas que se me formulan. Sin embargo, quienes preguntan no siempre parecen prestar demasiada atención a mis respuestas.

—De modo que, cuando hablas, solo eres «una voz que grita en el bosque» —apuntó el conejo.

—Soy un búho que ulula en el cielo —corrigió el búho.

—Debes sentirte muy solo —se lamentó la liebre—. El cielo parece un lugar completamente vacío.

—Solo un objeto puede sentirse solo —explicó el búho— y yo no soy un objeto.

—Cuando ululas en el cielo, ¿no eres un objeto?

—Solo desde tu perspectiva —respondió el búho clavando sus grandes ojos en la liebre.

—¿Pero cómo es posible? —preguntó la liebre.

—Los objetos solo son tales para el «tú» —expuso el búho—. ¿Acaso no lo ves?

—¿Y, no siendo un objeto, no te sientes solo? —preguntó la liebre rascándose una oreja pensativamente.

—Todos los objetos están inevitablemente solos —señaló el búho— porque, en apariencia, están separados, divididos y aislados y, por eso, creen que son infelices. Yo nunca estoy solo.

—¿Por qué?

—¿Cómo podría estar solo? —ululó el búho—. Soy el cielo, eeel-queee eeel-queee eeel-quiiieeen: ¡yo, que soy *todo*, no soy ninguna «cosa»!

XX

LA TORMENTA

—Un tiempo un tanto tempestuoso hoy —dijo el búho clavando sus garras en una rama oscilante —. Será mejor que te quedes dentro, ya que dispones de sitio.

—Soy una criatura potencialmente subterránea —clamó la liebre a través del viento que silbaba entre los árboles—, pero tú estás encaramado allá en lo alto. ¡Agárrate fuerte o ven aquí abajo a guarecerte conmigo!

—Pareces olvidar —ululó el búho seriamente— que yo soy el viento.

—Por supuesto, por supuesto, lo había olvidado —dijo la liebre a modo de disculpa—. ¿Pero por qué entonces *haces* todo esto?

—No lo *hago* —ululó el búho—. No *hago* nada. Simplemente soy.

—¡Qué mala suerte! —gritó la liebre—. Debe de ser mucho peor para ti ahí arriba que, para mí, aquí abajo.

—No cabe duda de que, en términos *relativos*, así es —replicó el búho—, pero, después de todo, ¿qué más da?

—Solo me parece bueno a mí —se atrevió a decir la liebre—, puesto que tú *eres* eso.

—¡Pero tú, pedazo de asno, también lo eres! —fue la terminante respuesta del búho.

—¡Vaya! ¡Nunca lo había pensado! —gritó la liebre mientras se abría paso a través de una rama caída—. ¿Pero soy un asno también?

—Solo estaba utilizando el término metafóricamente —gritó el búho—, pero, por supuesto, en cualquier caso, lo eres.

—¿Y también tan estúpido? —siguió preguntando la liebre.

—Los asnos no son estúpidos en absoluto —respondió el búho—. Eso es solo un rumor sin fundamento propagado por los humanos, como siempre sucede cuando se refieren a otros animales. La única estupidez es la mente dividida de esos bípedos caprichosos.

En ese momento, la rama se quebró y, agitando sus grandes alas, el búho descendió junto al conejo.

—Cuando se trata de una emergencia —comentó el búho— es mejor aquí abajo. Por cierto, ¿hay alguna rata o algún otro malévolo roedor por aquí?

—¡No con esta tormenta! —exclamó la liebre—. Pero puedo ofrecerte mi hospitalidad.

—Gracias —dijo el búho—, ¿pero cómo podría corresponderte? Además, no podré extender mis alas cuando me hagas una pregunta excepcionalmente estúpida.

—Es mejor tener amigos inocuos que enemigos peligrosos —se apresuró a añadir la liebre—. Estarás más seguro en mi madriguera.

—La seguridad es relativa —afirmó el búho ululando al viento—, al igual que los amigos y los enemigos también lo son. Todo depende del ojo con el que se mire.

—Estoy completamente de acuerdo —comentó astutamente la liebre— y, afortunadamente, tenemos dos ojos.

—Todas las cosas —explicó el búho— o, al menos, casi todas las que importan, están divididas en dos. Yo lo he dispuesto de ese modo.

—¡Muy inteligente por tu parte y muy previsor! —dijo la liebre complacida—. Estoy orgulloso de tener un amigo como tú.

—Mi buena y muy querida liebre —dijo el búho afectuosamente—, cuando ambos tienen un solo sabor, ¿qué diferencia puede haber entre «amigos» y «enemigos»?

—Sí, sí, por supuesto —respondió la liebre nerviosamente—, pero, si una rata me atacase ahora, ¿me defenderías?

—¡Por supuesto que sí! —le tranquilizó el búho cariñosamente—. ¡Las ratas son mucho más sabrosas que los conejos!

—¿Es ésa tu idea del «amor»? —preguntó la liebre ligeramente ofendida.

—«Amor», «odio», ¿cuál es la diferencia entre uno y otro? —preguntó el búho—. ¡Ninguno de ambos existe con independencia de su contrario!

—¿Entonces, en qué se diferencian? —preguntó la liebre.

—No existe diferencia alguna entre conceptos contradictorios —explicó el búho pacientemente al tiempo que apartaba una rama que había caído sobre la cabeza de la liebre.

—Gracias. ¿Pero dónde reside la *aparente* diferencia? —siguió preguntando.

—Toda diferencia es un mero concepto que solo surge en la mente dividida —explicó el búho—. ¡En un principio, no existe ninguna «diferencia»!

—¿Pero entonces, cuál es ese principio? —preguntó la liebre.

—Yo soy el principio —respondió el búho cortésmente—, pero permíteme que te ofrezca la protección de mi ala. Soy invulnerable mientras que tú no, y están cayendo cosas por todos lados. Las cosas son potencialmente peligrosas para quienes no captan lo que son en tanto que YO.

XXI
¿QUIÉN ESTÁ MOLESTANDO?

—¡Estás intentando olvidar lo-que-eres y recordar lo-que-no-eres! —dijo la ardilla.

—¿Y qué debería hacer...? —murmuró dubitativa la liebre rascándose la oreja con su pata derecha.

—Pues olvidar lo-que-no-eres y recordar lo-que-eres.

—Un tanto confuso —respondió la liebre rascándose la otra oreja con su pata izquierda.

—Con el tiempo, se convierte en algo natural —declaró la ardilla—, pero, discúlpame, por ahí viene el búho y me produce escalofríos. Debo ausentarme.

—¡Buenos días! —dijo el búho posándose sobre su rama.

—¡Buenas noches! —respondió la liebre—. Lo que ves no es el sol, sino la luna.

—¡Exacto! —respondió el búho—. Desde mi perspectiva, ahora es la mañana. En la dimensión relativa, cada cual percibe a su modo los opuestos interdependientes.

—¡Sí, sí, por supuesto! —asintió la liebre tratando de disculparse.

—¿Qué estás haciendo? —preguntó el búho después de una pausa.

—¡Nada! —respondió la liebre despreocupadamente.

—¡Oh sí, estás haciendo algo! —le reprendió el búho—. ¡Estás *pensando*! Y ya te he dicho que eso no es recomendable. ¿Se puede saber qué tontería estás pensando?

—Solo intentaba olvidar lo-que-no-soy para poder recordar lo-que-soy —respondió la liebre, esgrimiendo un diente de león con aparente indiferencia.

—Parece menos absurdo el procedimiento contrario —comentó el búho—, aunque ninguno de ambos es verdadero, puesto que los dos son de naturaleza positiva y, en consecuencia, carecen de sentido.

—¿Por qué razón? —preguntó decepcionada la liebre.

—Cualquier cosa positiva es necesariamente absurda.

—¿Pero por qué?

—¿Quién lleva a cabo cualquiera de ambas acciones? —preguntó el búho.

—¡Pues yo! —respondió la liebre.

—¡Si crees que eres tú quien lo hace, solo te estás engañando a ti misma! —ululó el búho—. ¿Qué clase de asno llena su cabeza con todas esas tonterías?

—No era un asno, sino una joven ardilla aquejada de delirios metafísicos.

—Está completamente chiflada —dijo el búho— debido al tipo de alimentación que sigue.

—Pues a mí me parece muy sensible —objetó la liebre.

—Por supuesto, parece muy sensible —respondió el búho—. Por eso, no lo es.

—¿Qué quieres decir? —preguntó la liebre.

—Que lo que parece «sensible» es relativo y todo lo relativo es necesariamente falso —precisó el búho.

—¿Pero acaso lo que debo hacer no es olvidar lo-que-no-soy para poder recordar lo-que-soy?

—No hay nada que debas *hacer* —ululó el búho centelleando sus grandes ojos—. ¿Quién eres «tú» para poder hacer algo? Cualquier cosa que puedas «hacer» es llevada a cabo por algún «tú», aunque sea yo quien la realice en términos absolutos. Sin embargo, en la dimensión relativa, no existe «tú» alguno capaz de hacer nada.

—¿Pero en ese caso? —preguntó la liebre, abatida.

—No trates de *hacer* nada porque cualquier cosa que «hagas» será necesariamente errónea —insistió el búho—, puesto que será llevada a cabo por un «tú».

—¿Entonces qué debo no-hacer? —preguntó sorprendida la liebre.

—No trates de *hacer* ni de *no*-hacer. Conténtate simplemente con SER porque eso es lo que ERES —afirmó solemnemente el búho.

—¿Cómo sabes eso? ¿Acaso eres Dios? —preguntó la ardilla, que miraba la escena oculta tras un árbol.

—No cabe duda de que soy Dios —contestó el búho—, pero ¿por qué lo preguntas?

—¡Porque solo Dios puede conocer esas cosas! —respondió la ardilla irónicamente.

—¡*Solo* Dios! —resopló el búho alzando sus grandes alas con indignación. ¡Yo no soy *solo* Dios! Ser Dios o ser el Diablo son solo algunas de mis funciones, pero uno acaba aburriéndose de eso, puesto que también es completamente relativo.

—¿Entonces qué eres tú cuando no eres «relativo»? —preguntó la ardilla partiendo una nuez con abierta desvergüenza.

—Yo soy absolutamente —respondió con solemnidad el búho—. En tanto que Dios, por ejemplo, puedo responder a las plegarias o hacer caso omiso de ellas y desempeñar tareas similares. Pero, en términos absolutos, yo simplemente te soy.

XXII
ENTONCES, QUIÉN...

—Tú pareces saber mucho sobre esos bípedos monstruosos que nos cocinan en cazuelas y en asadores. ¿Cómo has cosechado semejante conocimiento? —preguntó la liebre.

—Yo lo sé todo —respondió el búho con natural modestia.

—¿Pero cómo sabes lo que sabes? —siguió inquiriendo la liebre.

—Saber significa «saber» que no puedes no saber —respondió el búho con determinación—. En tanto que yo, a ti te ocurre lo mismo.

—¿Los humanos también están «iluminados»? —preguntó la liebre.

—Lo están —respondió el búho casi con resignación—, pero no lo saben.

—¿Saben que nosotros lo estamos?

—Al menos uno de ellos, un sabio hindú, sí que lo sabía.

—¿Y cómo llegó a saberlo? —preguntó la liebre.

—Porque lo averiguó directamente. Él tenía una amiga, una vaca llamada Lakshmi que, cuando murió, fue sepultada al lado de su propia madre, en un lugar donde solo se inhumaba a supuestos seres «iluminados».

—¿Y el resto de la gente entendió ese gesto?

—Los «otros» nunca pueden entender —respondió el búho—, sino tan solo yo.

—Pero, aunque no entiendan, piensan.

—Ellos piensan porque «desean» pensar, pero su pensamiento no les ayuda porque están condicionados a pensar e imaginan que, cuando un fenómeno extendido en el espacio-tiempo cobra conciencia súbitamente de-lo-que-es, alcanza automáticamente el «despertar», la «iluminación», la «liberación» o como quiera que queramos denominarlo.

—¿Pero acaso el fenómeno no cobra conciencia de lo-que-es? —preguntó la liebre.

—¡En el dominio espacio-temporal, ningún fenómeno ha conseguido nunca ni logrará jamás semejante proeza!

—¿Por qué razón? —preguntó con perplejidad la liebre.

—¡Porque solo lo-que-es puede darse cuenta de lo que es *a través del fenómeno*! —respondió el búho girando su cabeza y clavándole a la liebre la mirada penetrante de sus ojos luminosos—. ¿Acaso no es obvio?

—¿Entonces, qué significa «estar iluminado»? —preguntó la liebre.

—Ser lo-que-eres, por supuesto —respondió el búho.

—¿Pero de qué modo? —insistió la liebre.

—No siendo ninguna cosa en absoluto —respondió el búho—. ¿Qué podrías ser si no?

—¿Y quién queda entonces que pueda poseerlo? —añadió la liebre espontáneamente—. Pero entonces, ¿no es posible hacer nada? —preguntó a continuación, casi avergonzada.

—¿Hacer? —volvió a preguntar el búho—. ¡Tal vez lo acabas de decir sin *pensar* en lo que estabas diciendo!

—¿Así que era...? —rumió la liebre.

—Era —interrumpió el búho—, pero, por supuesto, no en las palabras ni en el habla.

—¿Entonces, quién lo ha dicho? —preguntó la liebre aleteando sus orejas.

—He sido yo —concluyó el búho cerrando sus ojos y girando de nuevo su cabeza de manera concluyente.

XXIII

CABEZAS Y COLAS

—¡Mira encima de tu cabeza! —advirtió la liebre al búho al ver que una rama comenzaba a desprenderse sobre él.

—No tengo ninguna cabeza —declaró el búho de manera tajante.

—¿No? —preguntó la liebre alzando la vista hacia él.

—Lo que estás viendo solo parece existir en tu mente —respondió el búho—. Es un mero fenómeno conceptual.

—¿Entonces, desde tu propia perspectiva, no tienes cabeza? —preguntó la liebre.

—Igual que tú, si es que mirases y vieses —respondió pacientemente el búho.

—De hecho, así me lo parece, sí —reconoció la liebre—. Pero entonces, ¿dónde está?

—No está —respondió el búho—. Yo soy la ausencia

de mi cabeza y de todo lo que hay en ella —añadió de manera concluyente.

—¿Sabe alguien eso además de nosotros? —preguntó la liebre mientras mordisqueaba reflexivamente una legumbre.

—Parece que un bípedo sabio de Inglaterra tiene la sensatez de enseñarlo —comentó el búho.

—¿Y le creen? —preguntó la liebre levantando una oreja.

—Aunque están muy condicionados —respondió el búho moviendo sus alas—, muchos lo comprenden. Es un método conocido por los sabios antiguos, pero, sobre todo, se trata de una experiencia directa.

—¿Pero qué ocurre con el resto de nosotros, quiero decir, con el resto del cuerpo? —preguntó pensativa la liebre.

—Que aparece como de costumbre, por supuesto, es decir, como una apariencia objetiva en la mente.

—¿Pero entonces somos libres? —preguntó la liebre dando un salto.

—Nunca hemos estado esclavizados —ululó el búho doblando sus alas como queriendo zanjar la cuestión.

—Y, si no tenemos cabeza, ¿tampoco tenemos cola? —preguntó la liebre maliciosamente.

—¡Tú no tienes nada! —ululó el búho girando su cabeza y clavando en él sus grandes ojos—. No hay ningún «tú» que pueda tener o dejar de tener «cosa» alguna. Además, de cualquier modo, cualquier cosa que desees tener no es algo por lo que merezca la pena preocuparse.

XXIV
AQUÍ Y ALLÍ

—¡Me entristece ese pobre y viejo faisán! —suspiró la liebre—. ¡Tenía una cola tan hermosa!

—¿Qué le ocurre que te hace sentir tan triste? —preguntó el búho.

—Uno de esos bípedos le ha disparado.

—¿Pero estás triste por él o por ti?

—¡Triste por él, pero yo me siento afligida también! —explicó la liebre.

—Estás triste por ti, y es estúpido. Pero ni lo uno ni lo otro tienen que ver con él.

—¿Por qué no triste por los dos? —preguntó sorprendida la liebre.

—¿Qué diferencia hay entre la «vida» y la «muerte»?

—Bueno —explicó la liebre—, ¡«vivir» quiere decir que uno está vivo mientras que «morir» significa que se está completamente muerto!

—No advierto la diferencia —declaró el búho—. Aunque todos los fenómenos nos parecen tangibles y reales, solo son meras imágenes mentales, ya sea que los percibamos en sueños, en estados de conciencia alterada o en lo que se denomina «vida cotidiana».

—¡Sí, por supuesto, pero él tenía una cola tan hermosa! —suspiró la liebre—. ¿A ti no te gustaba?

—¿Y qué importancia tiene si me gustaba? —insistió el búho—. Cualquier cosa que pertenezca a un «tú», es una imagen mental, aunque mía también por supuesto, al igual que todo lo objetivizado, al igual que todo lo que es distinto al yo.

—Si tú lo dices..., pero pienso que te importa de todos modos —insistió la liebre.

—Eso solo es un sentimiento en la dimensión relativa —ululó el búho—. ¿Acaso importa si las imágenes mentales nos parecen «vivas» o «muertas»?

—¡De hecho, en lo que concierne a los sentimientos *puede* importar mucho! —declaró la liebre.

—Todo eso forma parte del sueño de la vida —dijo el búho—. Además, y este es el punto más importante, en tanto que *yo* no puedo morir, sino tan solo «lo-que-no-soy».

—¿Puedes vivir, entonces, o solo vives como lo-que-*no*-eres? —preguntó la liebre.

—La «vida» —explicó el búho pacientemente— es una fantasmagoría mental extendida «espacial» y «temporalmente». En consecuencia, yo no puedo ni «vivir» ni «morir».

—¿Entonces, qué es lo que *puedes* hacer? —preguntó decididamente la liebre.

—Nada en absoluto —respondió el búho—. Tampoco hay nada en absoluto que pueda ser «hecho». YO SOY.

—¡Me parece muy aburrido! —observó despectivamente la liebre.

—También eso es relativo, en contraste con su opuesto —insistió el búho—. En términos absolutos, contrarios y opuestos no solo no tienen sentido alguno, sino que tampoco existen objetivamente.

—¡Suena aún más aburrido! —se aventuró a decir la liebre.

—No se puede juzgar lo absoluto desde la relatividad —explicó el búho concisamente— porque, una vez que deja de ser relativa, la relatividad se transforma en el absoluto.

—¿Y eso no te parece aburrido? —inquirió la liebre.

—No me parece nada porque, en caso contrario, no sería absoluto, sino relativo —observó el búho.

—Aunque no sea aburrido, me parece bastante *solitario* —refunfuñó la liebre.

—¡Solitario! —ululó el búho agitando sus grandes alas—. ¿Aaaa-queeé-dóoondeee-paaaraaa-quiiieeén? ¡Porque nosotros estamos AQUÍ, y eso es todo lo que SOMOS!

—Pero entonces, ¿dónde está eso? —preguntó otra vez la liebre.

—Está donde tú ESTÁS, es todo lo que ERES y nada más que lo que ERES —declaró el búho clavando sus grandes y penetrantes ojos en la liebre—. ¿Cómo podrías «vivir» o «morir» cuando ERES en tanto que YO?

XXV

LOS PUROS DE CORAZÓN

—¿Ves quién se acerca? —preguntó la liebre escudriñando en la distancia—. ¡Abre los ojos!

—No es necesario —respondió el búho—. Veo mejor cuando los tengo cerrados.

—Bien, ¿quién es entonces? —siguió preguntando la liebre.

—Es el unicornio —respondió despreocupadamente el búho.

—¿Y quién diablos es ese?

—No es ningún «diablo» —murmuró el búho—, sino un animal religioso.

—¿Entonces, es de confianza? —preguntó la liebre.

—Relativamente —respondió el búho—. Pero, fundamentalmente, sí. Se ciñe a las formas dondequiera que vaya.

—¿Pero comprende el modo en que son las cosas? —preguntó inquisitivamente la liebre.

—Lo hace —respondió el búho—, pero de una manera muy elemental, aunque, de hecho, no lo comprende demasiado bien.

—¿Nos dirá algo que tenga sentido? —volvió a preguntar.

—¿Lo hace alguien? —respondió el búho—. Probablemente, no te diga nada que piense que no puedas llegar a entender.

—En ese caso, será mejor que hables tú con él —murmuró tímidamente la liebre.

—Tal vez él prefiera hablar contigo sobre Dios —se aventuró a decir el búho.

—¿Tú es que no puedes hablar de Dios? —preguntó la liebre.

—¿Hablar? Sí, por supuesto —respondió el búho—. Pero, en realidad, no tengo nada que decir sobre lo que soy.

—¿Y por qué? —preguntó la liebre.

—Porque no hay nada que decir —respondió el búho tratando de zanjar la cuestión.

—El Señor esté contigo —dijo el unicornio inclinando su cuerno ante la liebre— y contigo —añadió señalando al búho.

—Y *contigo* —respondió la liebre cortésmente.

—*Yo estoy* contigo —asintió el búho.

—Ah, sí —dijo el unicornio ligeramente desconcertado—. De acuerdo, sea como fuere, Dios es amor —anunció— y nosotros somos Sus hijos.

—¡Me siento tan feliz de escuchar eso! —dijo la liebre—. ¡El amor es tan reconfortante!

—El «amor» solo es un concepto —declaró el búho— y, por lo tanto, si «Dios» es «amor», también es un concepto. Sin embargo, «Dios» trasciende necesariamente todos los conceptos.

—Por supuesto, así es —corroboró el unicornio asintiendo con su cuerno.

—Además —añadió el búho—, el «amor» es la contraparte del «odio» y, en consecuencia, es una ilusión. Por favor, utilicemos las palabras correctamente.

—De acuerdo, de acuerdo —dijo el unicornio sin perder su buen talante—. La afirmación de que Dios es «amor» es una mera convención lingüística. ¿Qué palabra prefieres tú?

—«Unicidad» —dijo el búho—, aunque no es del todo adecuada, porque ninguna palabra puede serlo en la relatividad, por lo menos no confunde más la cuestión.

—Seguramente —asintió el unicornio—. Entonces, si lo prefieres, «Dios es unicidad».

—No tengo ninguna preferencia —respondió el búho—, pero «unicidad» tiene sentido al menos.

—En efecto, cierta escritura sagrada afirma que «la única prueba de Su existencia es la Unión con Él» —afirmó el unicornio.

—¿Tal vez una *Upanishad*, si no recuerdo mal? —sugirió el búho.

—Sin duda, sin duda —dijo el unicornio— o como dijo un sabio cristiano: «Dios está más cerca de mí que yo mismo».

—Coincido plenamente —dijo el búho.

—Pues, en ese caso, podemos rezar —sugirió el unicornio—. ¿No estáis de acuerdo?

—Sí, en efecto —dijo la liebre—, ¿qué podría ser más hermoso? ¿Tal vez podría suplicar por un trébol tierno y fresco, aunque todavía no sea la temporada?

—Bueno —afirmó el unicornio no sin ciertas reservas—, también podemos efectuar esa clase de petición.

—La oración no es una petición —cortó el búho—. ¡La oración es comunión!

—Perfecto, perfecto, sí —reconoció el unicornio—. ¡Cuánta razón tienes!

—¡Lamentable! —suspiró abatida la liebre—, entonces, debemos orar para alcanzar la comunión.

—La comunión no es una «cosa» por la que podamos rezar —precisó el búho—. La plegaria, la plegaria genuina, ya ES comunión.

—Sí, en efecto —corroboró el unicornio—. Después de todo, el Reino de los Cielos está dentro de nosotros, ¿no es así? ¡El Señor mismo lo dijo!

—¡Qué verdad tan reconfortante! —observó la liebre.

—Lo que Él dijo es verdad —comentó el búho—, pero no su interpretación.

—¿Qué quieres decir? —preguntó la liebre.

—No hay «dentro» sin «fuera» —explicó el búho—. De ese modo, la expresión «dentro» se refiere más a *qué* es el Reino de los Cielos, que al lugar *donde* se halla. Porque eso es lo que Él dijo en realidad y lo que quería transmitir. Si habló fue para que le comprendiésemos y no para que lo malinterpretásemos.

—No te sigo —vaciló la liebre.

—El Señor —explicó el búho— no se refería a tu precioso interior, mi querida liebre, sino que quería decir que el Reino de los Cielos es la «interioridad» en sí.

—¡Completamente de acuerdo! —reconoció decididamente el unicornio—. ¡Ten por seguro que eres un exegeta admirable!

—El Reino de los Cielos suena fabuloso —interrumpió la liebre—, ¿pero qué hay acerca del Reino de la Tierra? ¿No estamos tal vez más necesitados de él?

—¡Creo recordar —dijo el búho— que Él advirtió a la gente que no había venido a sembrar la paz en la Tierra, sino la espada!

—¡Vaya! —observó la liebre inclinando melancólicamente sus orejas.

—¡Pero Él también dijo «por mí mismo no puedo hacer Nada»! —objetó el unicornio.

—Una declaración bastante obvia —sugirió el búho—. ¿Acaso hay algún fenómeno que pueda hacer algo por sí solo? ¡Un verdadero chiste!

—¡Pero somos nosotros quienes lo hemos confundido todo! —protestó el unicornio.

—¡No hay ningún «nosotros» —señaló el búho rotundamente— que pueda hacer o dejar de hacer algo en absoluto!

—Así es, por supuesto —admitió el unicornio—, pero el Señor también declaró: «Antes de que Abraham *fuese*, YO SOY».

—Evidentemente —dijo el búho—, y también un sabio cristiano dijo: «La palabra "Yo" se refiere a la pura esencia de Dios». Y también dijo: «YO SOY EL-QUE-SOY» —añadió el búho tras una breve pausa—. ¿Acaso se han dicho alguna vez palabras más importantes que esas?

—De hecho, no —coincidió el unicornio—. Creo que todos estamos de acuerdo en que la religión es el logro más elevado de la humanidad.

—¡Proporciona tanta felicidad! —sugirió la liebre suspirando melancólicamente—. ¿No debemos dar gracias a Dios por todas sus bendiciones?

—«¡Benditos los puros de corazón porque ellos *verán* a Dios!» —añadió el unicornio—. ¿No se aplica eso también a nosotros?

—Gracias —concluyó el búho inclinándose formalmente—, no cabe duda de que lo veréis, pero podríais verlo ahora mismo si vuestros corazones fuesen «puros».

—¿Cómo pueden contaminarse los corazones? —preguntó la liebre rascándose una oreja.

—En las lenguas más antiguas —respondió el búho—, el término «corazón» suele hacer referencia a lo que, en la actualidad, denominamos «mente».

—¿Y nuestras mentes no son puras? —siguió preguntando la liebre al tiempo que bajaba su mirada.

—La palabra «pureza» significa fundamentalmente totalidad y ausencia de mezcla —señaló pacientemente el búho—. Por eso, cuando estamos divididos, estamos «contaminados».

—¿De modo que esa es la razón por la que no podemos ver a Dios? —reflexionó la liebre.

—La «visión de Dios» significa «ser Dios con la mente total» —señaló el búho—, de modo que cuando la «Totalidad-de-la-Mente es Dios», se ve completamente bendecida. Por su parte, la palabra «totalidad» también es sinónimo de «santidad», como probablemente nuestro amigo preferirá denominarla.

—Así es —confirmó el unicornio—. Santo es, efectivamente.

—¿Pero qué quieres decir exactamente...? —preguntó la liebre.

—Pues que Dios —ululó el búho estirando sus grandes alas— es el TODO.

XXVI

DIMENSIONALMENTE

—Los animales religiosos suelen ser criaturas amistosas y muy tratables —comentó la liebre.

—Pero sustentan un enfoque emocional y afectivo, muy arduo y prolongado —señaló el búho—. Solo los seres especialmente dotados pueden trascender sus «egos» ficticios a través de su emocionalidad.

—¿Por qué? —preguntó la liebre.

—Buscan a Dios —interrumpió el búho— allí donde Dios nunca puede estar en tanto que Dios, es decir, objetivamente. ¡La vía positiva es interminable!

—Entonces, ¿qué vía es la mejor? —preguntó la liebre.

—¡No se trata de «qué vía es la mejor» —respondió el búho—, sino de que algunas dan un rodeo mientras que otras son más directas!

—¿Y cuál es la vía más directa? —preguntó con impaciencia la liebre.

—Depende de nuestro condicionamiento —respondió el búho—. Solo es cuestión de eso.

—¿Y cuál es ese condicionamiento...? —insistió la liebre.

—Muy probablemente, las medidas —respondió el búho.

—¿Y qué quieres decir con eso? —preguntó sorprendida la liebre.

—Yo soy la dimensión *que lo incluye todo* —ululó el búho— y que se halla en el centro de todas y cada una de las demás dimensiones. ¿Puede algo ser más simple o más obvio?

—¿Y yo? —se aventuró a preguntar tímidamente la liebre.

—Cualquier «tú» —replicó el búho— está formado por mis tres dimensiones adicionales de longitud, anchura y altura, o, dicho de otro modo, es la extensión de mi propio volumen en el espacio-tiempo que conforma el universo fenoménico que percibo.

—¿De verdad? —exclamó la liebre dando un salto de sorpresa—. ¡Qué curioso!

—Más que curioso, obvio —ululó el búho. ¿Podría ser de otra manera?

—¿Pero desde dónde son medidos? —murmuró la liebre.

—Desde «aquí», por supuesto —explicó el búho—, siempre «aquí» y «ahora» desde «este» Centro ubicuo.

—¿Pero dónde está ese Centro ubicuo y qué es lo que señala? —preguntó la liebre.

—En todas partes —dijo el búho con paciencia— porque no hay «lugar» alguno donde *pueda* estar.

—¿Qué quieres decir? —preguntó la liebre rascándose una oreja.

—Pues que no hay «lugar» donde pueda estar ni «cosa» alguna de la que pueda ser el centro —respondió el búho.

—¿Y, sin embargo, sigue siendo eso?

—La razón es que el centro del Infinito debe estar «aquí» y en todas partes, mientras que, en el centro de la Intemporalidad, también coinciden el «ahora» y la eternidad. El universo posee tantos centros como seres sintientes capaces de percibirlo.

—¿Pero, entonces, solo son las medidas —objetó la liebre— las que dan su apariencia a las formas y los «objetos», como si, de algún modo, fuesen intrínsecas a ellos y los activasen?

—No, por supuesto —resopló el búho—, sino que soy yo quien lo hago. ¿Quién más hay aquí que pueda ser o hacer algo?

—¿Y dónde estoy yo con relación a todo eso? —preguntó la liebre un tanto perpleja.

—¿Por qué me lo preguntas? —dijo a su vez el búho—. Y, de todos modos, ¿quién formula la pregunta?

—¡Pues soy yo, por supuesto! —exclamó la liebre con ligera indignación.

—Totalmente de acuerdo —apostilló el búho—. Es tal como dices.

—Pero dije «soy yo» y no «tú eres» —señaló la liebre retorciendo un diente de león en su boca.

—Como ya he mencionado —interrumpió el búho chasqueando su pico—, yo soy con independencia de quién lo diga.

—¿Pero por qué? —preguntó la liebre algo confusa.

—Porque —respondió el búho solemnemente—, como siempre, en todas las circunstancias posibles y en todas partes, ¡el-que-formula-la-pregunta es la respuesta!

—¿En ese caso, yo... yo soy también la «respuesta»? —murmuró la liebre abriendo sus grandes ojos y dejando caer el diente de león.

—Ya te he dicho —concluyó el búho suspirando cansadamente mientras cerraba los ojos y giraba su cabeza— que es muy tarde. ¡Buenos días!

XXVII
REINTEGRACIÓN SUBJETIVA

—¡Buenas noches! —dijo la liebre cortésmente.

—¡Muuu! —respondió la vaca mientras masticaba un bocado de hierba.

—Una hierba muy tierna y sabrosa por aquí —dijo la liebre—. Espero que disfrute de ella.

—¡Muuu! —asintió la vaca sin alzar la vista.

—¿Puedo hacerle una pregunta? —dijo la liebre tímidamente—. He estado esperando la oportunidad durante algún tiempo.

—¡Muuu! —asintió la vaca con indiferencia.

—Me temo que es una pregunta algo personal, pero, ejem, ¿está usted iluminada?

—¡Muuu! —asintió la vaca.

—¿Y cómo ocurrió? Si no es demasiada molestia la pregunta.

—¡Muuu! —respondió otra vez la vaca sacudiendo con perplejidad su cabeza y haciendo sonar el cencerro.

—Mi amigo el búho, que vive allí arriba, dice que las vacas suelen estar iluminadas —añadió la liebre.

—¡Muuu! —respondió la vaca con abierta indiferencia.

—Si estuviera despierto, podríamos preguntarle, pero duerme en este momento del día.

—¡Yo estoy siempre despierto! —resopló el búho—. Solo cierro los ojos porque durante el día brillo con demasiada intensidad.

—Tenemos la visita —anunció la liebre— de una amiga rumiante, y se requiere tu presencia.

—Las vacas son hembras santas —respondió el búho— y yo estoy siempre presente porque no soy ninguna cosa en absoluto. Una apariencia solo es algo que es percibido como tal a través de los sentidos por el ser sintiente que la concibe de ese modo. De hecho, yo siempre estoy presente en tanto que ausencia.

—¿Lo oyes? —dijo la liebre a la vaca—. Él está siempre despierto de una manera u otra, y te saluda cortésmente.

—¡Muuu! —respondio la vaca seleccionando otro bocado de hierba fresca y alzando la mirada.

—Ella está de acuerdo conmigo en que está iluminada —explicó la liebre—, pero no parece muy segura sobre cómo y cuándo ocurrió.

—Es que no ocurrió —resopló el búho— y no podría ocurrir nunca en ninguna parte.

—¿Cómo? —preguntó desconcertada la liebre.

—Solo una entidad puede alcanzar la iluminación —señaló el búho— y no existe entidad alguna. ¿No es esa también tu experiencia? —preguntó dirigiéndose a la vaca.

—¡Muuu! —asintió esta mientras rumiaba despreocupadamente.

—¿Pero es posible? —dudó la liebre.

—Un célebre sabio indio de nuestra época decía a todo el mundo que eso que denominamos «realización» ya existe y que no podemos intentar nada para alcanzarlo, pues no es un logro que pueda ser conquistado.

—¿Y le creyeron? —preguntó la liebre.

—Por lo visto no —observó el búho—. Según parece, los bípedos fenoménicos interesados en el tema, es decir, que escriben, dan conferencias, leen al respecto o «meditan» y practican la bondad, lo conciben como si se tratase de algo a conquistar.

—¡Me parece estúpido! —se aventuró a decir la liebre—. ¿No piensas tú lo mismo? —dijo dirigiéndose a la vaca.

—¡Muuu! —respondió la vaca inclinando su cabeza y haciendo sonar su cencerro ruidosamente.

—Solo los bípedos lo hacen —precisó el búho—. El mismo sabio indio comentó que «La auténtica realización o liberación», como ellos la llaman a veces, «consiste en liberarnos de la ilusión de que no estamos liberados».

—¿Y ni siquiera así pudo convencerles? —preguntó la liebre.

—No querían ser convencidos —explicó el búho— porque eso les hubiese privado de sus preciosos «yoes».

—¿Tal vez hubiesen escuchado más fácilmente a los sabios antiguos? —sugirió la liebre.

—Un antiguo sabio chino dijo que «Si nunca hemos estado esclavizados, no necesitamos buscar la liberación». ¿Podría una declaración ser formulada con mayor sencillez y convicción?

—Difícilmente —reconoció prudentemente la liebre—. ¿No estás de acuerdo? —preguntó dirigiéndose a la vaca.

—¡Muuu! —asintió la vaca mordiendo un gran bocado de hierba.

—Otro sabio chino, uno de los más importantes, declaró que «El Camino Supremo para arribar al despertar súbito y llegar a ser un Buda pasa por ver que nuestra propia mente es el Buda, que no hay nada que pueda ser alcanzado y que no podemos llevar a cabo ninguna acción» —añadió el búho.

—Muy claro —comentó la liebre—. ¿Pero qué ocurre con eso que llaman «liberación»?

—Es lo mismo —declaró el búho ululando sonoramente—. De todos modos, como dijo otro antiguo sabio: «¡La liberación consiste en liberarse de la idea de que hay alguien que puede liberarse!».

—Pero, después de todo, ¿no era eso lo que buscaban? —preguntó la liebre pensativamente.

—Dínoslo tú para variar y consultemos también a tu amiga la vaca —sugirió amablemente el búho.

—Bien —preguntó la liebre sepultando su cabeza entre sus patas—, cuando el fenómeno cobra conciencia de que meramente es, ¿en ese mismo momento ya está «despierto», «liberado» o «iluminado»?

—¡Muuu! —disintió la vaca haciendo sonar su cencerro.

—Lamento si estoy equivocado —murmuró entristecida la liebre.

—No está mal para una liebre —dijo el búho cortésmente—, ¡pero ningún fenómeno ha logrado eso nunca ni lo conseguirá jamás!

—¡Lo siento! —dijo humildemente la liebre—. ¿Y entonces?

—Digamos que la naturaleza no-fenoménica del fenómeno cobra conciencia «de lo que es» *a través del fenómeno* —explicó el búho—. Si no, pregúntale a tu amiga.

—¡Muuu! —respondió la vaca moviendo la cabeza y haciendo sonar repetidamente el cencerro, al tiempo que giraba y arrancaba un gran bocado de deliciosa hierba.

XXVIII
CALOR TERAPÉUTICO

—Esta tarde hay un olor muy extraño —dijo la liebre—, caliente y sulfúrico, ¿de qué puede tratarse?

—Azufre, imagino —respondió el búho—, probablemente se trata del dragón.

—Desde ahí arriba todo se ve muy bien —dijo la liebre—, pero, aquí abajo, todo parece mucho más peligroso.

—No tienes nada que temer —respondió el búho—. Solo es una superstición occidental. Como saben todos los orientales, los dragones son los animales más amistosos que existen. ¡Coge unas violetas para él! Los dragones son buenos tipos.

—Tú debes saberlo —asintió la liebre dubitativamente—, pero siento cómo va aumentando el calor.

—¡Buenos días! —dijo el búho—. Me alegro de verte. ¿Qué tal te va?

—¡No demasiado mal! —respondió el dragón—. En un entorno hostil como este la gente parece tener miedo de mí, aunque siempre que puedo trato de hacerles algún bien.

—Lo sé —asintió el búho—. Las personas frías tienden al enfrentamiento porque desconocen la cordialidad.

—Y yo no puedo ayudarles —suspiró el dragón—. Mi corazón es demasiado cálido. ¿Qué puedo hacer?

—Evita mostrarte demasiado expansivo —le aconsejó el búho—. Guardar los propios sentimientos para uno mismo es una convención muy extendida en el hemisferio norte. Sin embargo, aquí siempre serás bienvenido.

—Sí, bienvenido... —añadió la liebre resollando medio asfixiada.

—Yo hago todo lo que está en mi mano —dijo entristecido el dragón—, pero los caballeros con armadura me atacan con sus lanzas como si yo fuese su enemigo.

—¡Es una estupidez típica y lamentable por su parte! —se compadeció el búho—. No comprenden que, matando al «Diablo», también matan necesariamente a «Dios».

—¿Qué quieres decir? —preguntó con gran sorpresa la liebre.

—Pues que se trata de conceptos interdependientes —le respondió el búho—. ¿Cómo podría el uno existir sin el otro? Es completamente absurdo.

—¿En ese caso...? —preguntó la liebre.

—¡O ambos o ninguno! —dijo el búho concisamente—. Por sí mismos, el uno y el otro son absurdos relativos.

Es prácticamente imposible llegar a comprender la realidad estableciendo ese tipo de diferenciaciones.

—Los pobres humanos —siguió explicando el dragón— creen que soy el espíritu de lo que ellos denominan el «mal» o, mejor dicho, el Diablo, porque soy cordial o lo que ellos llaman «caliente». Pero tengo que intentarlo una y otra vez porque esa es mi *razón de ser*.

—Estoy seguro de que, a menudo, tienes éxito en tu empeño —afirmó la liebre arrancando un bocado de tomillo.

—En Oriente, sí —reconoció el dragón— porque allí es mucha la gente que ve más allá del absurdo de los opuestos relativos.

—¿Pero, entonces, el «bien» y el «mal» son lo mismo? —preguntó estupefacta la liebre.

—En su ausencia, por supuesto —precisó el búho.

—Es maravilloso encontrar a gente que comprende —suspiró el dragón calcinando un rosal salvaje con su aliento.

—¿Pero qué es su ausencia? —siguió preguntando la liebre.

—La ausencia de toda relación o pseudoentidad que conciba alguna diferencia —explicó el dragón.

—La pseudoentidad —interrumpió el búho— es el obstáculo sempiterno que nos mantiene en la pseudoesclavitud.

—¿Y cómo podemos librarnos de eso? —preguntó la liebre mientras se resguardaba tras un tronco.

—No hacemos nada —explicó el búho—. No hay ningún «nosotros» que «liberar», ni nada «nuestro» que pueda ser «liberado» de ninguna cosa.

—¿Entonces, hay alguien capaz de hacer algo? —preguntó perpleja la liebre.

—Yo —manifestó el búho de manera tajante—. Pregúntale, si no, a nuestro amigo aquí presente.

—En efecto, es tal como dices, yo —asintió el dragón al tiempo que proyectaba su «perla» y prendía fuego a un montón de hojas secas.

—Pero, pero... —se apresuró a decir la liebre dando un salto y alejándose del dragón—, ¡todo lo que hablamos es dicho por un «nosotros»!

—Ese es el problema —clarificó el búho a través del humo—, que siempre queda un «nosotros» que sigue pensando.

—¡En efecto, cuánta razón tienes! —asintió el dragón sujetando de nuevo su «perla» en torno al tronco de un majestuoso árbol—. Mientras haya un «nosotros» que siga pensando, cualquier cosa que digamos será necesariamente absurda.

—¿Pero por qué? —preguntó la liebre retirándose hacia atrás erguida sobre sus dos patas traseras.

—Porque el pensamiento es relativo, mientras que la verdad es absoluta —dijo concisamente el búho.

—¿Pero qué tenemos que hacer entonces? —preguntó la liebre mientras arrancaba una hoja de salvia verde.

—No tenemos que «hacer» nada — respondió el búho chasqueando su pico—, salvo la «acción» que el yo lleva a cabo.

—¿Cómo puedo yo hacer lo mismo? —preguntó la liebre carraspeando.

—Díselo tú, amigo mío —dijo el búho dirigiéndose al dragón—. Ella es una buena liebre que, a veces, se percata de la realidad. Tu calor terapéutico puede serle de mucha ayuda.

—Tú mismo acabas de sugerirlo, mi querida liebre —prosiguió el dragón—. La única acción posible es la acción que yo llevo a cabo.

—Pero un «yo» ha preguntado: «¿Cómo puedo yo hacer lo mismo?» —objetó la liebre.

—¡Perfecto! Cuando comprendes que todavía hay «un yo» detrás de lo que dices, entonces, sabes que «el gazapo sigue oculto en el montón de leña» —señaló el dragón.

—¿Así pues, qué puedo hacer? —preguntó con perplejidad la liebre.

—¡Quémalo! —dijo simplemente el dragón.

—¿Pero quién es capaz de hacer eso? —preguntó sorprendida la liebre.

—Yo, por ejemplo —dijo el dragón—, porque esa es mi función, mi Gran Función.

—Entonces, ¿eres tú el que hace eso por mí...? —preguntó la liebre.

—No. Eres tú quien lo hace en tanto que yo —precisó el dragón.

—¿Cómo? —preguntó desconcertada la liebre.

—Cuando se desvanecen todas las fantasías objetivas —declaró el dragón—, yo soy la acción y, sencillamente, la llevo a cabo.

—¡Gracias, gracias! —carraspeó la liebre—. ¡También yo haré lo mismo! —dijo zambulléndose en su madriguera.

—Acabará comprendiendo —pronosticó el dragón poniendo nuevamente su perla en órbita—. Con tu ayuda, acabará dándose cuenta de lo-que-es.

—Tu visita ha sido muy, digamos..., encendida, verdaderamente canicular —dijo el búho cortésmente—. Has caldeado el corazón de mi querida liebre. Incluso yo me siento más cálido como resultado de tu presencia.

—Ni siquiera lo menciones —respondió el dragón—. Siempre es un placer llevar algo de calor a las vidas de las personas que viven en Occidente —concluyó el dragón lanzando su «perla» hacia la creciente oscuridad como una bola de fuego que atravesaba el cielo.

XXIX

INMORTALIDAD

—Duermes hasta muy tarde esta noche —dijo la liebre—. La luna llena está en lo alto del cielo.

—No puede ser tarde —respondió el búho— porque el «tiempo» es *lo-que-yo-soy.*

—Pero tan solo relativamente, ¿no es así? —preguntó la liebre.

—En términos absolutos, el «tiempo» se denomina «intemporalidad» —explicó el búho— y *yo-soy-eso.*

—¿De modo que esa es la razón por la que no puede ser tarde? —dijo la liebre—. ¿Pero fenoménicamente hablando...?

—Fenoménicamente, estoy completamente preparado para integrarme en el noúmeno —respondió el búho.

—¿No querrás decir que me abandonas? —dijo la liebre mientras dejaba caer al suelo su diente de león con aire consternado.

—¿Abandonarte? —ululó el búho—. ¿Adónde crees que puedo marcharme?

—No tengo ni idea —respondió aliviada la liebre—, pero la vida sería muy triste sin ti.

—Gracias, querida liebre —dijo el búho—, pero mi desaparición fenoménica no puede separarnos realmente, ¿sabes?

—¿Pero tienes que desaparecer? —preguntó horrorizada la liebre.

—Todas las apariencias, que están sujetas a la noción de espacio-tiempo, deben desaparecer tarde o temprano —respondió el búho.

—¡Sí, pero no ahora!, espero... —exclamó la liebre.

—En este momento, «mi tiempo» casi ha concluido —dijo el búho tranquilamente.

—¿Entonces, tienes que desaparecer? —murmuró consternada la liebre.

—Solo desapareceré con relación a «ti» —esclareció el búho—. ¡Pero, en tanto que yo, eso es imposible!

—¿Y entonces? —preguntó la liebre rascándose una oreja.

—No habiendo aparecido nunca, ¿cómo podría desaparecer? —respondió serenamente el búho.

—Pero fenoménicamente... —objetó la liebre.

—Nada fenoménico puede ocurrirle a lo-que-soy —dijo el búho como si estuviera medio dormido— porque «lo-que-soy» no existe relativamente.

—¿Pero como fenómeno...? —insistió la liebre.

—*Eso*-que-yo-soy —explicó el búho— son todas y cada una de las cosas que aparecen y desaparecen en la extensión del espacio-tiempo, permitiéndome cobrar conciencia de lo-que-soy.

—¿Entonces *qué* eres en tanto que «yo»? —preguntó la liebre un tanto perpleja.

—En tanto que «yo», carezco de *existencia* personal —prosiguió el búho—, porque la existencia es finita, y yo no lo soy.

—En tanto que «yo», eres infinito... —murmuró la liebre—, ¿y, sin embargo, existes?

—La *existencia* es objetiva —continuó el búho— y, en tanto que yo, no puedo ser tal cosa.

—En tanto que «yo» no eres objetivo... —dijo pensativamente la liebre.

—La *existencia* es relativa —precisó el búho—, mientras que yo soy absolutamente.

—No eres relativo... —murmuró absorta la liebre—. ¿Entonces *qué* puedes ser? ¿*Quién* eres en tanto que «yo»?

—¿Cómo puede haber algún «yo» que no sea yo? —gritó el búho levantando sus largas alas—. Yo, que soy todo y nada..., ¡ni siquiera puedo ser yo! —concluyó extáticamente.

—¿Entonces *dónde* estás en tanto que «yo»? —preguntó la liebre con expresión embelesada y sus grandes orejas levantadas.

—¡YO SOY en el silencio de la mente! —respondió el búho por fin y, desplegando sus alas, emprendió lentamente el vuelo.

Sus grandes alas batían el aire mientras ascendía majestuosamente sobre las copas de los árboles, describiendo amplias espirales en dirección a la luna llena.

Sosteniendo su aliento, la liebre miró al búho con una mezcla de temor y asombro, mientras este se elevaba cada vez más alto en el cielo hasta que solo pudo divisar una pequeña mota por encima de su cabeza.

Entonces, de repente, las grandes alas del búho se plegaron y una gran masa oscura se desplomó en picado contra el suelo produciendo, al estrellarse, un ruido seco, tras el que solo quedó un montón de plumas temblorosas.

Durante un tiempo incalculable, la liebre permaneció quieta como en trance. Entonces, resonó en el bosque una gran carcajada que le hizo recobrar la conciencia.

—Con tu permiso —dijo la hiena—. ¡Este no es tu trabajo, sino el mío!

—Hay que dar al César lo que es del César... —murmuró la liebre y, volviéndose hacia la hiena, le dijo—, pero las cosas de Dios son mías.

—¿Y qué cosas son esas? —preguntó la hiena algo perpleja.

—Si quieres saberlo —respondió la liebre con una mirada penetrante que atravesó a la hiena—, lo primero que tienes que comprender es que *tú eres lo que YO SOY*.

IN MEMORIAM

(Extraído, con el correspondiente permiso del autor,
de *Escritos póstumos*, capítulo 79)

Dado que no estoy sujeto al espacio, no conozco ningún
«lugar».
Dado que no estoy sujeto al tiempo, no conozco ningún
«momento».
Soy lo mismo que el espacio-tiempo y, por eso, nada finito
me pertenece.

Al no estar en ninguna parte, estoy en todos los lugares y,
estando en todas partes, no estoy en ningún lugar,
porque no estoy ni en el «lugar» ni en el «no-lugar»,
ni dentro ni fuera de alguna cosa o de ninguna-cosa,
ni encima ni debajo, ni antes ni después, ni al lado de algo
o de cosa alguna.

Yo no pertenezco a nada perceptible o cognoscible,
pues soy la percepción y el conocimiento en sí.
No estoy *más allá* de aquí ni allí, ni dentro ni fuera,
porque todo eso también es lo que yo soy.

No me extiendo en el espacio. No me despliego en la
duración,
porque ambos son mis manifestaciones, imágenes
conceptuales de lo que yo soy,
porque es mi ausencia —mi ausencia absoluta— la que me
permite concebir todos los conceptos.

Soy ubicuo, como ausencia y como presencia,
porque, en tanto que yo,
no estoy presente ni ausente,
ni nunca puedo llegar a ser conocido como un objeto
mental,
porque yo soy eso que conoce
e incluso la «mente» es mi objeto de conocimiento.

Wei Wu Wei